L'ENFANCE
EN ACTION.

Paris. — Typographie de Firmin Didot Frères, rue Jacob, 56.

L'ENFANCE

EN ACTION.

Petit Théâtre Moral.

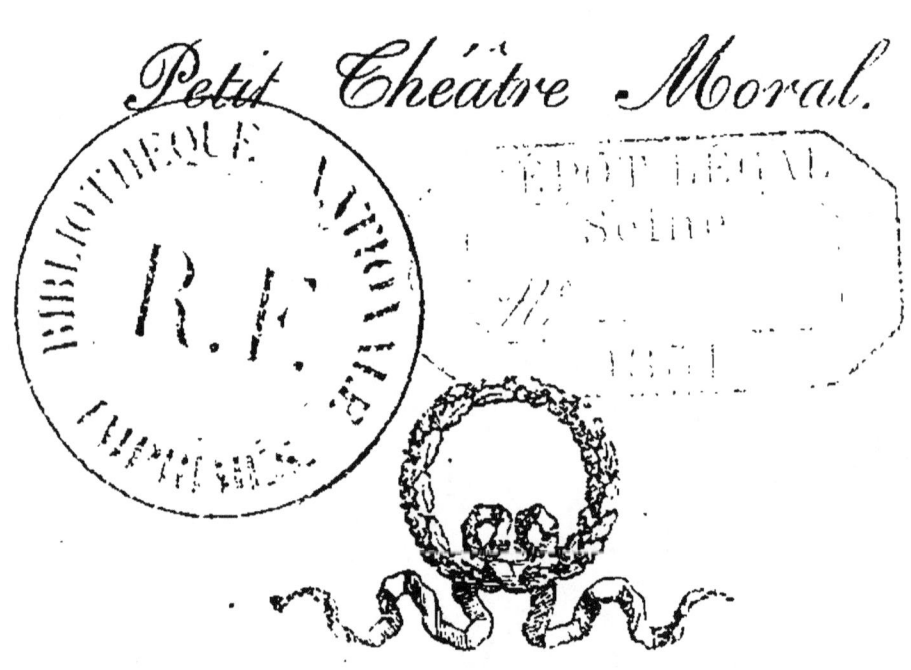

PARIS,

A. MARCILLY, LIBRAIRE,

RUE SAINT-JACQUES, 10.

1851

L'Orgueilleux puni,

OU

CONTENTEMENT

PASSE RICHESSE.

PROVERBE DRAMATIQUE EN UN ACTE.

PERSONNAGES.

ARMAND, âgé de 17 ans.
AGLAÉ, âgée de 14 ans.
ADÈLE, âgée de 13 ans.
ÉTIENNE, leur domestique.
LUCIEN, ⎫ apprentis d'une fabrique de coton, âgés
BENOIT, ⎭ de 14 à 15 ans.
Un garçon tailleur, 16 ans.
Une couturière, 14 à 15 ans.
Le portier.

L'orgueilleux puni *(Scène VI)*

L'Orgueilleux puni,

ou

CONTENTEMENT

PASSE RICHESSE.

Le théâtre représente un salon très-simplement meublé. Au lever du rideau, Étienne sort d'une chambre à gauche.

SCÈNE PREMIÈRE.

ÉTIENNE, seul et à la cantonade.

Oui, monsieur, je vais trouver votre tuteur, et nous verrons si vous avez le droit de chasser d'ici un vieux serviteur comme moi. (A lui-même.) N'est-ce pas une horreur? moi qui depuis 20 ans suis dans cette maison le factotum, moi qui ai élevé tous les enfants de feu mon pauvre maître, me voir ainsi traité par son fils!.... Je ne m'attendais pas à cela!.... Parce que je ne veux pas laisser monsieur faire à sa fantaisie, parce qu'un homme de 60 ans veut se permettre de donner des conseils à un enfant qui à peine en a dix-sept, on le rudoie, on l'injurie, on le chasse! Ah! nous verrons, M. Armand, si votre tuteur ne sera pour rien dans cette affaire!... non que je tienne beaucoup à cette maison, mais Adèle, mais Aglaé, n'ont-elles pas encore besoin de moi?... Le frère est loin d'avoir les qualités de ses sœurs, et leurs caractères se ressemblent bien peu!... Les voici, cachons-leur le chagrin que j'éprouve. (Il prend un air assuré.)

SCÈNE II.

ÉTIENNE, AGLAÉ, ADÈLE.

AGLAÉ.

Bonjour, Étienne.

ADÈLE.

Bonjour, mon bon ami!

ÉTIENNE.

Bonjour, bonjour, mes enfants.

AGLAÉ.

Comme tu as l'air triste.

ADÈLE.

C'est vrai !

ÉTIENNE.

J'ai bien lieu de l'être, mes chers enfants.

AGLAÉ.

Pourquoi cela ?

ADÈLE.

Toi, mon pauvre Étienne !...

ÉTIENNE.

Je vous quitte, mes amies.

AGLAÉ.

Comment, tu nous quittes ?

ÉTIENNE.

Oui, puisqu'on me renvoie.

ADÈLE.

Et qui donc veut nous priver de toi, mon bon ami ?

ÉTIENNE.

Votre frère !

ADÈLE et AGLAÉ.

Armand !...

ÉTIENNE.

Oui, mes enfants ! Depuis qu'il a reçu cette

lettre qui lui apprend qu'un de vos oncles vous a légué trois cent mille francs, et que cette somme arrive de New-York sur un vaisseau qui doit mouiller à Brest, la tête lui a tourné; de bon et brave contre-maître de fabrique qu'il était devenu malgré son jeune âge, il ne songe maintenant qu'à se donner des airs, il imagine mille moyens de dépenser son argent; chaque jour c'est une nouvelle folie que monsieur fait. Vous pensez bien que je ne puis voir cela sans parler, sans lui dire qu'il ne doit jamais oublier sa condition, et se rappeler qu'il n'est qu'un ouvrier!... aussi comme mes remontrances n'ont pu plaire à M. Armand, il vient de me signifier que j'eusse à quitter la maison.

ADÈLE.

Est-ce croyable?

ÉTIENNE.

Oui; mais M. Durville, votre tuteur, saura me rendre justice, lui.

AGLAÉ, d'un ton suppliant.

N'y va pas, mon bon Étienne; si mon frère te renvoie, eh bien! tu resteras à notre service à nous, n'est-ce pas, ma sœur?

SCÈNE II.

ADÈLE.

Oui, oui, c'est cela. Et qui aurait donc soin de notre jeunesse?

ÉTIENNE.

Vous me rendez bien content, car si je pleurais de quitter cette maison où je vous élevai, c'était à cause de vous, mes enfants, vous qui êtes si bonnes, si douces....

ADÈLE.

Brave Étienne!

AGLAÉ.

Mais quel motif mon frère a-t-il eu?

ÉTIENNE.

Ah! maintenant il ne faut plus à monsieur de vieux serviteur comme le pauvre Étienne, c'est un jokey, un valet de chambre qu'il désire; et pour vous, des jeunes personnes aussi.

AGLAÉ et ADÈLE.

Nous n'en voulons pas, nous nous servirons bien nous-mêmes.

ÉTIENNE.

Savez-vous qu'il m'a remis ce matin une énorme liste?

AGLAÉ.

Et de quoi donc?

ÉTIENNE.

Des commissions de la journée.

ADÈLE.

Je suis curieuse de les connaître.

ÉTIENNE.

Attendez... D'abord : *Aller chez M. Landau, carrossier, pour le prier d'envoyer demain le tilbury; passer ensuite chez M. Grafignac, tailleur, et lui dire qu'on l'attend ce matin; puis chez le tapissier, le lampiste,* etc., etc.

AGLAÉ.

O ciel! que d'extravagances; mon pauvre frère a perdu la tête.

SCÈNE III.

Les mêmes, ARMAND.

ARMAND.

Ah! bonjour, petites sœurs!.... Que je vous conte le rêve le plus joli.....

AGLAÉ.

Oui, je crois en effet que tu rêves d'assez jolies choses.

SCÈNE III.

ARMAND.

Certainement! Figurez-vous que notre vaisseau était arrivé, chargé de richesses immenses; j'étais là, comme vous pouvez bien le penser. Jamais on n'avait vu tant d'or, tant de belles choses; et puis c'était la mine des gens du vaisseau, passagers et matelots, qui était ravissante; mon or et moi partagions leur admiration et leur respect. Si vous saviez avec quelle dignité je soutenais mon nouveau rôle; enfin j'étais sur le point de fendre la presse de ces importuns pour faire enlever mon trésor....

ADÈLE.

Quand tu t'es éveillé?

ARMAND.

Oui; ce misérable Étienne est entré dans ma chambre, et m'a réveillé en sursaut.

AGLAÉ, riant.

Sais-tu qu'il est désagréable de se réveiller en pareille circonstance; à ta place j'irais me recoucher pour achever mon rêve.

ARMAND.

Ne pense pas rire; j'étais si content, que je

souhaiterais de tout mon cœur dormir ainsi toute ma vie.

ADÈLE.

Me diras-tu, Armand, pourquoi tu nous as acheté ces robes qu'on vient de nous faire remettre de ta part?

ARMAND.

Ah! vous les avez reçues?

AGLAÉ.

Oui.

ARMAND.

C'est pour aller ce soir au bal de madame Fierval.

ADÈLE.

Bon Dieu! et où prendras-tu pour payer tout cela? nos revenus sont tellement modiques que nous sommes encore obligés de travailler, et jamais notre tuteur ne voudra donner cet argent-là!

ARMAND.

Eh! n'ai-je pas bon crédit?

ADÈLE.

Mais enfin, il faudra payer.

ARMAND.

Et nos trois cent mille francs?

SCÈNE III.

ADÈLE.

Si tu continues, cela n'ira pas loin.

ARMAND.

Comment ?

ADÈLE.

Sans doute : tu vas être obligé de prendre un domestique nombreux, d'avoir des voitures, des chevaux ; car je présume qu'il faut tout cela à un jeune homme comme il faut. Mais tu ne réfléchis pas, mon cher Armand, que notre tuteur ne sera peut-être pas du même avis que toi, et malheureusement nos trois cent mille francs resteront long-temps entre ses mains, car tu n'as que dix-sept ans et nous à peine quinze.

ARMAND.

Il faudra bien que M. Durville entende raison... Si je suis riche, je veux me sentir de mon bien.

AGLAÉ.

Bon ! mais ne va pas oublier que tu n'es qu'un ouvrier, et que demain, tout à l'heure peut-être, tu vas rencontrer un camarade de fabrique, et qu'il faudra, malgré tes trois cent mille francs, lui parler comme autrefois, si tu ne veux passer pour un orgueilleux.

ARMAND.

Nous verrons..... (Apercevant Étienne.) Que faites-vous donc ici, Étienne?

ÉTIENNE, riant.

Moi, monsieur?.... j'attends la fin de votre rêve.

ARMAND.

Voyez l'impertinent; vous devriez être dehors, car je vous ai dit que je n'avais plus besoin de vous maintenant.

ÉTIENNE.

Aussi, ne vous appartiens-je plus.... J'ai trouvé ici des cœurs moins durs que le vôtre, M. Armand. Je n'ai pourtant fait pour eux que ce que j'ai fait pour vous. Mais Adèle et Aglaé n'ont pas voulu me voir sortir de cette maison, et je suis à leur service.

ARMAND.

A leur service?

ÉTIENNE.

Oui, monsieur, ne vous en déplaise!

AGLAÉ, faisant un signe.

Étienne!...

ÉTIENNE.

Vous voyez comme j'obéis, M. Armand.
(Il sort.)

SCÈNE IV.

ARMAND, AGLAÉ, ADÈLE.

ARMAND.

Comment, mes petites sœurs, vous gardez ce vieux radoteur ?

AGLAÉ.

Armand, tu as tort de parler ainsi de ce brave homme. Souviens-toi donc des services qu'il rendit à notre vieux père.

ADÈLE.

Je dis aussi qu'il y aurait de la barbarie à le renvoyer maintenant.

ARMAND.

Mais encore, il nous faut d'autres domestiques.

ADÈLE.

Mon cher Armand, parlons un peu raison, si tu veux l'entendre. Cette fortune qui t'enchante n'est pas encore arrivée, il se peut même faire qu'elle n'arrive point ; quel inconvénient y aurait-il pour toi à te mettre dans le cas de t'en passer ? aucun, je pense ; tu n'en sentiras pas moins le prix de son arrivée. C'est le parti que ma sœur et moi avons pris ; la nouvelle de notre fortune ne nous a point aveuglées, nous n'avons point changé notre premier genre de vie ; si nos espérances se trouvaient trompées, nous ne serions pas sans ressources, et notre économie nous tirera toujours d'affaire. Je ne puis te dissimuler, mon cher frère, qu'il en est bien autrement à ton égard, Dieu veuille que tu n'aies jamais lieu de t'en repentir.

ARMAND.

Cesse, je t'en prie, ma sœur, car tu me fais bâiller. C'est vrai, tu vois toujours d'une couleur sombre les objets les plus riants.

AGLAÉ.

Adèle a raison ; que t'aurait-il coûté d'attendre l'arrivée du vaisseau, avant de t'engager ainsi dans toutes sortes de dépenses.

ARMAND, d'un ton impérieux.

Je le veux ainsi !.... je suis l'aîné, puisque

j'ai dix-sept ans... vous me devez le respect, par conséquent taisez-vous.

ADÈLE.

Comme nous ne voulons pas être les témoins de tes extravagances, adieu donc.

ARMAND.

Adieu ! (Adèle et Aglaé sortent.)

SCÈNE V.

ARMAND, seul.

Voyez un peu ! ne faudrait-il pas aussi obéir à ces demoiselles ? Ce serait un véritable esclavage ! Du tout, du tout, je ne veux pas de cela ! (Il s'assied.) Mon tailleur se fait bien attendre !... il me faudra pourtant mon habit pour ce soir !... J'entends quelqu'un, c'est lui peut-être !

SCÈNE VI.

ARMAND, LUCIEN, BENOIT.

(On voit entrer Benoît et Lucien. Ces deux nouveaux personnages sont vêtus en ouvriers, mais endimanchés.)

LUCIEN, bas à Benoît.

Le voilà !

BENOÎT.

Oui, c'est bien lui.

LUCIEN.

Serviteur, M. Armand.

ARMAND, à part, et confus.

Deux ouvriers de la fabrique! (Haut.) Bonjour, bonjour.

BENOÎT.

Permettez-nous, M. Armand, de vous présenter nos hommages comme à notre contre-maître, et veuillez accepter, au nom de tous les apprentis de la fabrique, leurs souhaits et leurs compliments pour le jour de votre fête.

ARMAND, surpris.

Ma fête !...

SCÈNE VI.

BENOÎT.

Oui, M. Armand, c'est aujourd'hui.

LUCIEN.

Et je sommes venus pour vous la souhaiter bonne et heureuse.

ARMAND, avec froideur.

Merci, merci.

BENOÎT, à Lucien.

Dis donc, il a un drôle d'air.

LUCIEN, de même.

C'est vrai, il ne nous dit pas seulement de nous asseoir.

BENOIT.

Pardon, M. Armand, est-ce que vous seriez malade?

ARMAND.

Du tout, pourquoi cela?

LUCIEN.

Dam ! c'est parce que je vous trouvons triste....

BENOÎT.

Oui, vous ne nous dites pas comme les années dernières...

ARMAND.

Ah ! je comprends; ces souhaits, ces compliments méritent bien, messieurs... (Il veut leur donner de l'argent.)

BENOÎT.

Messieurs!.... Je vous disais bien que vous n'étiez pas comme cela autrefois. Aujourd'hui vous voulez nous donner de l'argent; il y a un an, quand nous arrivions, c'était à bras ouverts que vous nous receviez, vous nous embrassiez, vous nous appeliez vos amis. Aujourd'hui ce n'est plus ça, vous nous regardez à peine, vous nous dites monsieur tout court! vous croyez que nous ne nous apercevons pas de ça? oh que si fait!... On nous avait bien dit que vous étiez devenu fier en devenant riche, mais nous ne voulions pas le croire, et c'est ce qui nous a décidés à vous rendre notre visite habituelle; car, voyez-vous, quoique j'avons là notre petite fortune dans not' poche, je n'en sommes pas plus fiers pour ça, nous autres; pas vrai, Lucien?

LUCIEN.

Oh, mon Dieu, non!..

BENOÎT.

Mais, puisque c'est comme ça, adieu, M. Armand; nous allons voir les amis et leur dire comment vous nous avez reçus.

SCÈNE VI.

ARMAND.

J'en suis bien fâché, mais...

LUCIEN.

Oui, vous êtes fâché de nous voir ici. Not' présence vous fait rougir, mais soyez sans inquiétude, nous allons cesser de vous importuner.

ARMAND.

Mes amis, écoutez-moi, j'ai tort et je vous en demande pardon... mais convenez que je ne puis avec une fortune comme celle que je possède...

BENOÎT.

C'est juste, vous ne pouvez vous abaisser jusqu'à rendre honnêteté pour honnêteté à deux pauvres ouvriers, qui sont venus de bonne amitié vous offrir leurs bouquets et leurs souhaits; ce serait vous compromettre, n'est-ce pas ?

ARMAND.

Je ne dis pas cela... mais...

BENOÎT.

Vous le pensez...

ARMAND.

Vous me jugez mal !

BENOÎT.

Du tout! Savez-vous bien que je me rappelle encore qu'il y a trois ans, nous n'étions vous et moi que simples apprentis... Vous avez plus de talent que le pauvre Benoît, c'est vrai, mais ce n'est pas une raison pour oublier que nous nous sommes assis sur le même banc, et que nous avons travaillé sur le même métier.

ARMAND.

Je me rappelle bien tout cela, mais aujourd'hui que je suis riche je ne puis, vous dis-je, conserver les mêmes habitudes, la même manière de voir.

LUCIEN.

Je parierais bien, moi, que mesdemoiselles Aglaé et Adèle ne sont pas comme vous.

ARMAND.

Vous gagneriez, car mes sœurs ont des idées tellement rustiques, qu'elles peuvent à peine concevoir qu'avec une fortune comme la nôtre, il ne faut pas se servir soi-même.

LUCIEN.

Eh bien! ces demoiselles ont raison! Ça fait que si un jour, et cela peut arriver, si un jour elles viennent à se trouver dans le besoin, le travail leur semblera moins dur; au lieu que vous!...

ARMAND.

J'ai cent mille francs; avec cela, peut-on jamais manquer?

BENOÎT.

Ça s'est vu!

LUCIEN.

Cela pourra peut-être se voir encore.

ARMAND.

C'est bien!

LUCIEN, à part.

Qu'est-ce qui aurait jamais dit ça!...

BENOÎT.

Comme l'or vous fait faire des sottises, pas vrai?

LUCIEN.

T'as bien raison.

ARMAND.

J'attends du monde, et si vous vouliez bien...

BENOÎT.

Nous en aller? c'est juste. Nous vous gênons...

LUCIEN, à part à Benoît.

Allons voir ces demoiselles.

BENOÎT.

C'est ça! Adieu, M. Armand.

(Ils sortent; Armand ne les regarde pas.)

SCÈNE VII.

ARMAND, LE GARÇON TAILLEUR.

ARMAND.

Ils ont bien fait de sortir, car j'entends quelqu'un.

LE GARÇON, entrant.

M. Armand?...

ARMAND, sans le regarder.

C'est ici, mon ami.

LE GARÇON.

Monsieur, je viens de la part de M. Grafignac, votre tailleur.

ARMAND.

Ah! c'est très-bien!

LE GARÇON.

Si monsieur veut essayer son habit.

ARMAND.

Certainement... Je vais passer dans ma chambre... Vous vous êtes fait attendre, mon cher... M. Grafignac se porte toujours...

SCÈNE VII.

LE GARÇON.

A merveille!

ARMAND.

Le collet est un peu long; qu'en dites-vous?

LE GARÇON.

C'est le goût du jour.

ARMAND.

Oh! alors, c'est parfait!

LE GARÇON.

Nous y avons mis tous nos soins.

ARMAND.

Cela suffit; vous pouvez le laisser. Je passerai chez M. Grafignac.

LE GARÇON.

Oh, monsieur, je suis bien fâché, mais mon maître m'a dit que, ne vous connaissant pas, il fallait remporter l'habit, si vous ne me soldiez sur-le-champ.

ARMAND, à part.

Ah diable!... (Haut.) Mais, monsieur, je suis bon pour cent francs, je pense!

LE GARÇON.

Tout ce qu'il vous plaira, monsieur; mais mon maître m'a donné un ordre, je dois le suivre.

ARMAND.

M. Grafignac n'a-t-il pas entendu parler de l'héritage que je viens de faire, d'une somme de trois cent mille francs?

LE GARÇON.

Je pense que si.

ARMAND.

Dites-lui donc que j'attends cette somme, qu'elle doit m'arriver par le premier vaisseau qui mouillera à Brest, et qu'alors...

LE GARÇON.

C'est fort bien, je lui dirai tout cela; et si monsieur veut avertir dès que le vaisseau sera arrivé...

ARMAND, à part.

Je suis perdu si je ne vais pas ce soir à ce bal! Comment faire?... (Haut.) Mais, monsieur, on n'a jamais rien vu de semblable!... Je vous en prie!

LE GARÇON.

Je n'y puis rien, en vérité.

ARMAND, à part.

Que dira-t-on de moi?

SCÈNE VIII.

Les mêmes, LA COUTURIÈRE.

LA COUTURIÈRE.

C'est à monsieur Armand que j'ai l'honneur de parler?...

ARMAND.

Oui, mademoiselle.

LA COUTURIÈRE.

Voici la note de la couturière de ces demoiselles.

ARMAND.

Veuillez repasser, je vous prie.

LA COUTURIÈRE.

Monsieur, ma maîtresse m'a chargée de vous dire qu'il fallait lui payer cette note, ou avoir la complaisance de me rendre les deux robes qu'elle vous a fournies.

ARMAND.

Mais quel motif?...

LA COUTURIÈRE.

Sans doute madame a ses raisons pour agir ainsi; mais on m'a commandé, j'obéis...

ARMAND, à part.

Oh! mon Dieu, que devenir!

SCÈNE IX.

Les mêmes, LE PORTIER.

LE PORTIER.

M. Armand, j'ai remis ici ce matin une lettre pour vous.

ARMAND.

Eh bien!

LE PORTIER.

C'est dix-huit sous.

ARMAND.

Je vous donnerai cela en descendant.

LE PORTIER.

Ne manquez pas, je vous en prie; ça fera vingt-quatre sous avec celle de l'autre jour.

ARMAND.

C'est bon! (Le portier sort.)

SCÈNE X.

ARMAND, LE TAILLEUR, LA COUTURIÈRE.

ARMAND.

Voici justement des nouvelles de Brest; vous allez voir si je vous trompe!

LE GARÇON, d'un air de douceur.
Je n'ai jamais douté...

LA COUTURIÈRE, de même.
Je suis incapable de penser...

ARMAND.

« A M. Armand.

« Monsieur,

« Le vaisseau qui apportait les trois cent « mille francs qui vous furent légués par vo- « tre oncle... » (s'interrompant) vous voyez si je mentais, « était sur le point d'arriver au port, « lorsqu'une tempête affreuse survint, et en- « gloutit en une minute toute votre fortune. » Ah mon Dieu! quel coup affreux!

LE GARÇON.

Monsieur, je suis bien fâché de ce qui vous arrive, et croyez que... je prends part à votre douleur... Mais... j'ai bien l'honneur de vous saluer. (Il sort.)

SCÈNE XI.

ARMAND, LA COUTURIÈRE.

LA COUTURIÈRE.

Vous ne devez pas douter, monsieur, de la part que je prends au malheur qui vous arrive... Mais madame m'a chargée d'une commission que je dois remplir.

ARMAND, pleurant.

Que voulez-vous?

LA COUTURIÈRE.

Je vous l'ai déja dit, monsieur; payez la facture, ou rendez-moi ce que ma maîtresse vous a fourni.

ARMAND, troublé.

Je ne sais où tout cela est... il faut que je voie... Donnez-moi quelques instants pour me remettre de ce coup affreux!... (A part.) Tout perdu! plus d'espoir! et Lucien et Benoît que j'ai presque renvoyés d'ici, que vont-ils penser? n'auront-ils pas raison de me haïr? car ma conduite envers eux a été bien coupable.

LA COUTURIÈRE.

M. Armand, je vous en prie, finissez-en; ma maîtresse me grondera si vous tardez tant.

ARMAND.

Comment apprendre à Adèle, à Aglaé?

LA COUTURIÈRE.

Je vais moi-même...

ARMAND.

Arrêtez!... Attendez encore pour leur apprendre ce malheur!

LA COUTURIÈRE.

Non, monsieur, je ne puis attendre plus long-temps, et je vais...

(Elle va pour entrer dans la chambre des demoiselles, lorsque Aglaé, Adèle, Lucien et Benoît en sortent.)

SCÈNE XII.

Les mêmes, AGLAÉ, ADÈLE, LUCIEN, BENOIT.

AGLAÉ.

N'allez pas plus loin.

ARMAND, à part.

Lucien et Benoît! Ah, malheureux! quelle honte pour moi!

LA COUTURIÈRE.

Vous savez, mesdemoiselles, pourquoi je viens?

ADÈLE.

Oui, nous avons tout entendu. Mais comme nous ne pouvons en ce moment solder la facture, reprenez ce que vous avez fourni.

BENOÎT.

Excusez, mademoiselle Adèle. Combien faut-il pour ça?

LA COUTURIÈRE.

Cinquante francs.

BENOÎT, à Lucien.

Avons-nous bien ça?

SCÈNE XII.

LUCIEN.

Je crois que oui !

ADÈLE et AGLAÉ.

Nous ne souffrirons pas...

ARMAND, à part.

Et voilà les amis que je rebutais... que je méprisais ?...

BENOÎT.

Laissez donc, mesdemoiselles, c'est un prêt que nous voulons vous faire ; c'est de bon cœur, vous ne pouvez nous refuser.

ADÈLE.

Cher Benoît.

LUCIEN, à la couturière.

Tenez, mademoiselle, voilà ce que c'est.

LA COUTURIÈRE.

Monsieur, je vous remercie bien !... Mesdemoiselles, lorsqu'il vous faudra autre chose, voici l'adresse de notre maison... J'ai l'honneur de vous saluer.

(La couturière sort. Armand est resté seul sur le devant de la scène, et n'ose lever les yeux.)

SCÈNE XIII.

LUCIEN, BENOIT, ARMAND, ADÈLE, AGLAÉ.

ADÈLE.

Eh bien, Armand, que t'avais-je dit ?...

AGLAÉ.

Où t'ont conduit toutes tes extravagances ?

ADÈLE.

Et sans ces deux braves jeunes gens, que serais-tu devenu aujourd'hui ?

AGLAÉ.

Obligé de rendre des objets achetés à crédit, c'est honteux.

ARMAND, confus.

Oui, accablez-moi, je suis un orgueilleux que le ciel a puni; quoique plus âgé que vous, j'ai eu moins de raison; je suis devenu méprisable aux yeux de mes amis, de mes camarades, et je leur demande bien pardon des injures que j'ai pu leur faire.

LUCIEN.

Monsieur Armand, vous nous avez fait bien

L'orgueilleux puni *(Scène XIII)*

de la peine, mais je suis sûr que Benoît vous pardonnera comme moi, si vous nous dites que votre cœur n'a été pour rien dans votre conduite.

ARMAND.

Oh oui, mes amis, l'or seul m'avait ébloui et m'avait rendu ingrat... Pardonnez, pardonnez, mon cœur est resté le même.

BENOÎT.

Eh bien donc, pour nous le prouver, viens dans mes bras.

ARMAND au milieu d'eux, et les embrassant.

Mes chers amis !...

ADÈLE.

Allons, mon frère, console-toi, tu n'es pas plus à plaindre que nous, nous vivrons ensemble tant que tu voudras; notre fortune, toute médiocre qu'elle est, nous suffira avec de l'économie. Que ceci te serve de leçon.

BENOÎT.

C'est ça, et souviens-toi que le proverbe a raison quand il dit : L'homme propose, mais Dieu dispose.

ARMAND.

Vous avez raison, mes amis. Mais il y a encore une personne que j'ai bien cruellement offensée...

SCÈNE XIV ET DERNIÈRE.

Les mêmes, ÉTIENNE.

ÉTIENNE.

Et qui vous pardonne aussi, mon pauvre Armand. Votre repentir est trop sincère pour que je vous garde rancune.

ARMAND.

Bon Étienne !

LUCIEN.

Eh bien ! n'es-tu pas plus heureux en ce moment qu'il y a une heure ?

ARMAND.

Oh ! oui.

BENOÎT.

Le proverbe dit encore avec raison : Contentement passe richesse.

ADÈLE.

Lucien, Benoît, je n'ai pas oublié que c'est

SCÈNE XIV.

aujourd'hui la fête de mon frère! Vous resterez avec nous toute la journée.

BENOÎT.

Je le veux bien !

LUCIEN.

Et moi aussi.

AGLAÉ.

En ce cas, allons faire un tour de jardin en attendant le dîner.

ARMAND.

Tu penses bien, petite sœur.

TOUS.

Allons au jardin, au jardin !

(Ils sortent tous par le fond.)

FIN DE L'ORGUEILLEUX PUNI.

La Sainte-Catherine,

ou

LES CADEAUX.

COMÉDIE EN UN ACTE.

PERSONNAGES.

M. LEBON.
Madame LEBON.
M. FRANVAL, marin, leur ami.
EUGÉNIE, fille de M. Lebon.
MARGUERITE, cousine d'Eugénie.
Hortense de MIREBOIS,
Rose DARU, } amies d'Eugénie.
Clémentine DUPRAT,
Mademoiselle DUBOIS, gouvernante de Marguerite.

La Ste Catherine *(Scène V)*

La Sainte-Catherine,

ou

LES GADEAUX.

Le théâtre représente un salon de M. Lebon. Au lever du rideau, on aperçoit une table au milieu du théâtre. Cette table est garnie d'assiettes, et semble apprêtée pour un repas.

SCÈNE PREMIÈRE.

M. FRANVAL, M. LEBON.

LEBON.

Parbleu, mon cher Franval, je suis heureux de te revoir; je ne l'espérais plus, depuis dix ans que tu es parti.

FRANVAL.

J'avais peu d'espoir moi-même de revenir en France, mais j'ai eu du bonheur; mon commerce a prospéré, j'ai fait d'assez bonnes affaires, et une fois ma petite fortune arrondie, je me suis dit : Franval, mon ami, tu es né Français, par conséquent tu dois aimer ton pays ; réunis ton trésor, embarque-toi, retourne à Rouen, tu y trouveras des amis : j'ai donc exécuté ce que je dis là, et en moins de deux mois j'ai fait la traversée de Rio-Janeiro au Havre-de-Grace.

LEBON.

Et je remercie la Providence de ce qu'elle a daigné me permettre de t'embrasser encore, car tu es mon ami, toi, mon ami d'enfance ; il y a long-temps que nous nous connaissons, n'est-ce pas ?

FRANVAL.

Oui ! quarante ans à peu près. Mais à propos, parle-moi donc de ta fille, de ton Eugénie, elle doit être grande, jolie, spirituelle.....

LEBON.

Charmante !

FRANVAL.

Je m'en doutais ! Je l'ai vue bien jeune ; elle avait cinq ans à peu près lorsque je quittai

SCÈNE I.

Paris, et je t'assure que j'ai grand désir de la connaître.

LEBON.

Avant cela, j'ai à te faire part d'un projet.

FRANVAL.

Tant mieux, s'il est beau !....

LEBON.

Je le crois.

FRANVAL.

Parle.

LEBON.

Tu vois cette table ?

FRANVAL.

Eh bien !

LEBON.

Cela t'annonce une fête.

FRANVAL.

Laquelle ?

LEBON.

Celle des demoiselles, la Sainte-Catherine.

FRANVAL.

Bon !

LEBON.

Et cela te dit encore que je ne suis plus le maître ici.

FRANVAL.

Comment cela ?

LEBON.

C'est qu'aujourd'hui mon Eugénie est la maîtresse de la maison, et que sa mère et moi n'avons pas un seul ordre à donner de toute la journée! C'est une chose arrêtée entre nous.

FRANVAL.

L'idée est bizarre.

LEBON.

Un caprice d'enfant qu'il a fallu satisfaire. Mais mon Eugénie n'a jamais abusé du pouvoir qu'on lui a laissé.

FRANVAL.

Ainsi tous les ans.....

LEBON.

Nous lui accordons ce jour tout entier.

FRANVAL.

Très-bien : mais ton projet.....

LEBON.

Le voici :.... Eugénie a invité à son déjeuner ses amies intimes, ses camarades de pension! Ce jour est pour elle une véritable fête..... et je veux voir si, au milieu de tant de plaisirs que lui prépare cette journée, son cœur tout entier à l'amitié n'oublierait pas pour eux quelques devoirs sacrés, et qu'elle a l'habitude de remplir avec tant de bonté. Ce sera pour moi une joie extrême de savoir que mon Eugénie aura rempli mes plus chers désirs..... il faut pour cela me seconder.

FRANVAL.

Je le veux bien, mais encore?

LEBON.

J'entends ma femme! Eugénie l'accompagne; viens au jardin, je t'expliquerai tout cela.

FRANVAL.

Tu as raison, nous serons là plus tranquilles.

(Ils sortent par le fond, madame Lebon et Eugénie arrivent par la droite.)

SCÈNE II.

MADAME LEBON, EUGÉNIE.

EUGÉNIE.

Viens voir, maman; si le coup d'œil n'est pas charmant : hein! qu'en dis-tu ?.... regarde ces marguerites comme elles sont jolies. (En disant cela, elle montre un des bouquets qu'elle a placés sur chaque assiette.)

MADAME LEBON.

C'est désigner la place de ta cousine d'une manière ingénieuse. Tu as voulu nommer toutes tes amies avec des fleurs : un hortensia, c'est sans doute Hortense de Mirebois ; ces roses blanches, Rose Daru ; la clématite, mademoiselle Duprat : ai-je deviné ?

EUGÉNIE.

Oui, maman.

MADAME LEBON.

Pour qui les immortelles ?

EUGÉNIE.

Pour mademoiselle Dubois, elle se nomme Perpétue. Après avoir cherché, j'ai trouvé que ce nom en italien signifie éternelle ; j'ai un peu ri, parce que les domestiques chez ma cousine Marguerite ne l'appellent entre eux que l'éternelle gouvernante, et j'ai choisi l'immortelle comme la fleur qui disait le mieux son nom.

MADAME LEBON.

Et si mademoiselle Dubois connaît le sobriquet que lui donnent les domestiques, et qu'elle voie dans ton bouquet une épigramme, elle pourra s'en offenser. Tu dois, par respect pour son âge et pour ses longs services dans ma famille, éviter tout ce qui pourrait lui déplaire.

EUGÉNIE.

Moi faire une épigramme à mademoiselle Dubois ! Ah ! maman, je ne le pourrais, car je l'aime cette bonne fille. Si parfois vous m'avez vue rire de sa coiffure, de sa manie de ne vouloir porter que des robes blanches, roses ou grises, parce que, dit-elle, étant demoiselle, elle ne doit pas s'habiller comme une femme, c'est avec vous seule. Si je parle d'elle à mes amies, ce n'est qu'avec le respect qui lui est dû, et avec l'estime et l'affection les plus sincères.

MADAME LEBON, embrassant sa fille.

Bien ! bien. Je suis fâchée d'avoir conçu de toi cette pensée.

EUGÉNIE.

Chère maman !

MADAME LEBON.

J'entends quelqu'un !

EUGÉNIE, remontant la scène.

C'est Rose.

MADAME LEBON.

Je vous laisse, car je n'oublie pas que tu es seule maîtresse aujourd'hui.

EUGÉNIE, riant.

Oui; mais demain!......

(Madame Lebon sort après avoir embrassé sa fille).

SCÈNE III.

EUGÉNIE, ROSE.

EUGÉNIE.

Bonjour, Rose.

ROSE.

Bonjour, mon amie.... comment te portes-tu?

EUGÉNIE.

Très-bien!...... Je t'attendais avec une vive impatience.

ROSE.

Je n'étais pas moins pressée d'arriver..... car je n'ai pas oublié que tu m'as dit hier que je verrais aujourd'hui ta cousine Marguerite, que je ne connais pas encore.

EUGÉNIE.

Elle va bientôt venir.

ROSE.

Je vais donc la voir, je pourrai juger enfin

de cette beauté, de cet esprit dont on m'a tant parlé.

EUGÉNIE.

Oui, sans doute, elle est belle et spirituelle, et tu lui rendras cette justice; mais si tu pouvais lire dans son cœur, tu la trouverais plus belle encore.

ROSE.

Voilà un portrait qui donnerait envie de se lier avec l'original, oui; mais crois-tu que ta cousine accordera un peu d'amitié à la fille d'un pauvre mercier, elle qui est riche?

EUGÉNIE.

La prends-tu pour Hortense? que lui importe ta naissance! elle n'a pas cette sotte fierté. Va! elle sait que je t'aime, que tu es bonne, cela lui suffira.

ROSE.

Elle est donc bien belle?

EUGÉNIE.

Belle, non! car belle veut dire grande, avec des traits comme ceux de la Niobé que nous avons dessinée tant de fois, et ma cousine est petite; mais elle est si bien faite, si gracieuse....

ROSE.

Comme toi.

EUGÉNIE.

Tu es folle, Rose. Au reste, elle est ma cousine germaine, je peux donc lui ressembler un peu; mais quelle différence d'elle à moi : tu verras, tu verras..... J'entends une voiture, c'est peut-être Marguerite.

(Rose et Eugénie courent à la fenêtre.)

ROSE.

C'est la livrée des Mirebois, tu peux continuer.

EUGÉNIE.

Je n'ai plus rien à te dire, sinon qu'aux qualités physiques elle joint un cœur excellent, et qu'elle est d'une bienfaisance et d'une générosité....

ROSE.

Elle est parfaite enfin!.....

EUGÉNIE.

Chut! voici Hortense.

ROSE.

Tu vas voir les grands airs.....

SCÈNE IV.
ROSE, EUGÉNIE, HORTENSE.

EUGÉNIE ET ROSE.

Bonjour, Hortense.

HORTENSE.

Bonjour, Eugénie! je me suis fait attendre peut-être?

EUGÉNIE.

Du tout, mon amie..... Clémentine et Marguerite ne sont point encore arrivées, et comme en ma qualité de maîtresse de maison j'ai beaucoup à faire, je te laisse avec Rose; voici un album, des romances et le piano pour te distraire, afin de prendre le temps en patience.

HORTENSE.

C'est bien.....

EUGÉNIE, bas à Rose.

Fais de ton mieux pour passer le temps.....

ROSE, de même.

Oui, laisse-moi faire.

EUGÉNIE.

Au revoir, mesdemoiselles.

(Elle sort.)

SCÈNE V.

ROSE, HORTENSE.

(Sitôt qu'Eugénie est sortie, Hortense se place au piano et essaie une romance.)

ROSE, qui était restée seule dans un coin, se lève.

Sais-tu, Hortense, que ta romance m'ennuie? Est-ce que tu n'aimerais pas mieux causer?

HORTENSE, sans se retourner.

Que vous dirai-je?

ROSE.

Oh! que ce vous est laid.

HORTENSE.

Comment!

ROSE, enlevant la romance.

Je te l'ai dit, ton troubadour m'ennuie, et tes airs de marquise me déplaisent.

HORTENSE.

Vous avez des manières, Rose.....

ROSE.

Encore vous... si tu l'emploies pour que de mon côté je m'en serve à ton égard, tu te trompes; je te dirai toujours toi, tant que je t'aimerai.

SCÈNE V.

HORTENSE.

Aimez-moi, mais soyez à l'avenir plus polie.

ROSE.

C'est-à-dire, soyez froide, hautaine; je ne suis pas comme toi fille d'un marquis pour avoir de ces airs-là; faut-il que tu me fasses regretter ce temps où tu m'appelais ta chère Rose; mieux vaut être née ce que je suis, au moins les premières affections se conservent intactes.

HORTENSE.

Crois-tu que tu me sois moins amie, moins chère, parce que je te fais quelques observations sur tes manières un peu rustiques? Je t'aime aujourd'hui comme alors, ma chère Rose, et je n'ai point oublié que sans Clémentine et toi, j'eusse été privée de bien des douceurs.

ROSE.

Ah! que je t'embrasse. (Elle l'embrasse et court à son sac accroché à un fauteuil, en sort un petit paquet noué d'un ruban et le donne à Hortense.) Tiens, c'est mon cadeau de Sainte-Catherine.

HORTENSE, *développant le paquet.*

Des gants!

ROSE.

Comment les trouves-tu ?..... c'est moi qui les ai tous cousus.

HORTENSE.

Ils sont admirables.... et d'une fraîcheur.... et que destines-tu à nos autres amies ?

ROSE.

Une bourse !

HORTENSE.

Voyons, car j'ai aussi fait pour chacune d'elles une bourse en filet, et pour Marguerite une ceinture dont mon frère a fait le dessin.

ROSE, piquée.

Ah mon Dieu ! et moi qui n'aurai rien à lui offrir !

SCÈNE VI.

LES MÊMES, CLÉMENTINE, EUGÉNIE.

CLÉMENTINE.

A qui?..... je te pardonne, si c'est moi que ton oubli regarde? voyons, quitte ton air consterné et embrasse-moi.

(Elles s'embrassent toutes.)

ROSE, à part.

Que je m'en veux de n'avoir pas pensé!.....

EUGÉNIE.

Mesdemoiselles, je vous annonce l'arrivée de ma cousine Marguerite...... la voici avec mademoiselle Dubois.

ROSE, à part.

C'est elle! et je n'ai rien!.....

SCÈNE VII.

LES MÊMES, MARGUERITE, Mlle DUBOIS.

MARGUERITE, accourant.

Ah, bonjour! bonjour, mesdemoiselles.... je vous ai fait attendre long-temps, n'est-ce pas ?..... il ne faut point m'en vouloir, mais grondez bien fort..... ma bonne Dubois, c'est elle qui est cause de ce retard.

TOUTES.

Ah! mademoiselle, ce n'est pas bien.

MADEMOISELLE DUBOIS.

C'est cela, toujours mademoiselle Dubois.... vous savez bien que je ne suis plus jeune, et que je ne puis aller aussi vite que vous.....

MARGUERITE.

Allons, tu as raison..... donne-moi cela, (elle indique le sac que tient mademoiselle Dubois.) Mesdemoiselles, vous allez voir si j'ai pensé à vous!.....

ROSE, à part.

Elle aussi!....

(Marguerite distribue aux demoiselles les cadeaux qu'elle avait apportés pour elles, et lorsqu'elle approche sur le devant de la scène où se trouve Rose, elle reste étonnée.)

MARGUERITE.

Oh, mon Dieu! comment ne vous ai-je pas vue, mademoiselle ? que je suis étourdie, moi qui me faisais une fête de vous rencontrer, car je ne me trompe pas, vous êtes mademoiselle Rose?

SCÈNE VII.

EUGÉNIE.

Oui, oui, ma cousine, c'est Rose, notre Rose, car nous l'aimons toutes.....

TOUTES.

C'est vrai!..... Marguerite, reçois nos remercîments.

MARGUERITE.

Mes chères amies, embrassez-moi.....

EUGÉNIE.

A présent songeons à déjeuner.

HORTENSE.

C'est cela.

(Toutes vont à la table, et chacune se place devant la fleur qui porte son nom.)

TOUTES.

Maintenant c'est à Eugénie que nous adressons nos remercîments, rien n'est plus flatteur que cela.

MARGUERITE.

Cette idée est digne d'elle.

HORTENSE.

Le langage de ces fleurs est charmant.

MADEMOISELLE DUBOIS.

Eugénie! Eugénie, que je t'embrasse encore.....

(A ce moment un vieillard qui paraît souffrant se présente à la porte du fond.)

SCÈNE VIII.

LES MÊMES, FRANVAL, en vieux soldat.

ROSE.

Eugénie, regarde donc ce vieux soldat ?

EUGÉNIE.

Comme il paraît fatigué !

CLÉMENTINE.

Offre-lui quelque chose.

EUGÉNIE.

Entrez, brave homme ; vous avez peut-être besoin de repos ? entrez, vous vous délasserez un moment.

FRANVAL.

Merci, merci, mesdemoiselles.

EUGÉNIE.

Tenez ce biscuit et un verre de vin.

(Elle court à la table).

FRANVAL.

J'accepte avec plaisir ce que vous m'offrez avec tant de bonté, car je n'ai rien pris depuis hier.

TOUTES.

Oh mon Dieu ! le pauvre homme !.....

La Ste Catherine (Scène VIII)

SCÈNE VIII.

EUGÉNIE.

Allez-vous loin, M. le soldat ?

FRANVAL.

A Paris.

MADEMOISELLE DUBOIS.

Et vous n'avez point d'argent pour faire une si longue route ?

FRANVAL.

Non, mademoiselle.

EUGÉNIE.

Mes chères amies, il me vient une idée, et je suis certaine que vous l'approuverez. Voici un malheureux à secourir, que chacune de nous mette dans ce sac ce dont son bon cœur pourra disposer en faveur du vieux soldat...

FRANVAL, à part.

La charmante enfant !

TOUTES, excepté Hortense qui est restée dans un coin, et ne s'occupe pas de ce qui se passe à côté d'elle.

C'est très-bien... je veux donner la première.

EUGÉNIE.

Je m'attendais à vous voir cet empressement ; cependant comme vous ne pouvez mettre toutes à la fois, venez les unes après les autres.

(Les demoiselles vont les unes après les autres déposer dans le sac d'Eugénie quelques pièces de monnaie, mais Hortense seule n'y va pas.)

ROSE.

Et mademoiselle Hortense?

EUGÉNIE.

C'est juste; et toi, Hortense?

HORTENSE, jouant l'étonnement.

Qu'y a-t-il?....

EUGÉNIE.

Tu ne vois pas ce vieillard?

HORTENSE.

Eh bien!

EUGÉNIE.

Il est malheureux, et nous faisons une quête pour le soulager.

HORTENSE, sèchement.

Je n'ai point apporté d'argent!...

FRANVAL, à part.

Oh! le mauvais cœur!

MARGUERITE.

C'est égal, le soldat n'y perdra pas. (Elle tire de l'argent de son sac.) Je mets pour toi, Hortense!.....

SCÈNE VIII.

FRANVAL, à part.

La charmante enfant! (Haut.) Oh! mademoiselle est trop bonne.....

MARGUERITE.

Vous vous trompez, M. le soldat; c'est mademoiselle qui n'a point de pitié.

HORTENSE.

Donner son bien au premier venu, vous appelez cela avoir de la pitié!.....

ROSE, à Marguerite.

Je la reconnais bien là, la princesse!.....

EUGÉNIE.

Tenez, tenez, brave homme, recevez cette offrande, elle vous est donnée de bon cœur.

FRANVAL.

Merci, mille fois merci, ma bonne demoiselle. (A part.) Que cela fait plaisir!

EUGÉNIE.

Serais-je trop curieuse, M. le soldat, en vous demandant d'où vous venez comme cela?

FRANVAL.

J'arrive de l'armée. La paix est faite, j'ai mon congé et les invalides, et je vais à Paris.

EUGÉNIE.

Comment vous appelez-vous?

FRANVAL.

La Valeur, et je n'ai jamais démenti mon nom.

MADEMOISELLE DUBOIS.

Dans quel régiment serviez-vous, M. le militaire ?

FRANVAL.

Il y a six ans, je servais encore dans le régiment du plus brave soldat et du meilleur des hommes; dans le régiment du colonel Lebon.

EUGÉNIE.

Oh! mesdemoiselles, dans le régiment de mon père.

TOUTES.

Bah!.....

FRANVAL.

Quoi! vous seriez la fille de mon colonel?

EUGÉNIE.

Oui, M. le soldat.

FRANVAL.

Ah, j'en suis enchanté!.... mes forces se raniment à cette nouvelle. Le colonel Lebon, voilà un homme qui aimait le soldat; mais aussi comme le soldat l'aimait. J'étais à la tête des grenadiers, dans le dernier combat où il fut blessé; j'étais à ses côtés; le boulet qui le renversa faillit me tuer, mais je ne vis que la mort qui menaçait mon colonel, et d'un bras vigoureux je l'emportai du champ de bataille, afin qu'il pût échapper au massacre.

EUGÉNIE.

Quoi! vous êtes ce brave militaire dont mon père nous a tant de fois parlé, et qui lui avez deux fois sauvé la vie?

FRANVAL.

Oui, j'ai eu ce bonheur; mais la dernière, j'ai manqué de faire la grande parade et lui aussi; ces diables de boulets, ça vous emporte un homme sans dire gare au moins!....

EUGÉNIE.

Et qu'allez-vous faire aux Invalides?

FRANVAL.

Me reposer, c'est le dernier asile des braves soldats; quand ils vont se battre ou monter à l'assaut, ils se disent les uns aux autres: Amis, faisons notre devoir en braves gens; si nous mourons, nous mourrons pour notre patrie; et si nous ne sommes que blessés, sa bonté paternelle nous réserve une retraite.

EUGÉNIE.

Que papa va être content de vous savoir ici.

LES DEMOISELLES.

Il faut l'aller prévenir.

EUGÉNIE.

Et le déjeuner ?

TOUTES.

Il sera encore temps après.

EUGÉNIE.

Puisque vous le voulez bien, j'en suis enchantée. Attendez un moment, M. le soldat, nous sommes à vous dans une minute, et nous vous amènerons papa, ou nous aurons obtenu la permission de vous conduire à lui. (A ses amies.) Venez, venez.

(Elles sortent).

HORTENSE, les suivant.

Mon Dieu, que cela est ennuyeux.

SCÈNE IX.

FRANVAL, seul.

En vérité, la fille de Lebon est charmante !... Quelle douceur ! quelle bonté !... Il faut avouer

SCÈNE IX.

aussi que ses compagnes lui ressemblent beaucoup.... cette petite Marguerite surtout, qui parle peu, mais dont les actions sont vraiment touchantes. J'ai eu envie de pleurer lorsque cette demoiselle Hortense si dédaigneuse refusa l'aumône, et que Marguerite ajouta au don qu'elle avait déja fait, celui de son amie, afin que le pauvre n'en souffrît pas; c'est bien, c'est très-bien cela!..... aussi chacun sera récompensé selon qu'il l'aura mérité.... Vite remplissons les intentions de mon cher Lebon!... (Il va à la table, et pose sous chaque serviette un cadeau que lui a remis M. Lebon; mais, arrivé à la place où se trouve l'hortensia, il dit:) Ah! mademoiselle Hortense, je vais bien vous punir...... vous n'aurez rien...... et cela vous apprendra à avoir meilleur cœur. Chut! j'entends ces demoiselles..... à notre rôle, et n'oublions pas cette lettre. (Il tire une lettre de sa poche.)

SCÈNE X.

FRANVAL, EUGÉNIE, HORTENSE, CLÉMENTINE, MARGUERITE, ROSE, MADEMOISELLE DUBOIS.

MADEMOISELLE DUBOIS.

Je ne comprends pas cela!.....

HORTENSE.

Je le conçois bien, moi.....

EUGÉNIE.

Eh bien! je t'avoue que cela m'étonne.

ROSE.

Ne pas vouloir venir!.....

MARGUERITE.

Oui, mais il a dit: Envoyez-le-moi.

EUGÉNIE.

C'est juste!..... Mais qui va conduire ce brave homme?

MADEMOISELLE DUBOIS.

Je m'en charge!.....

EUGÉNIE.

Bonne Dubois!..... M. le soldat, mademoiselle va vous mener près de mon père; je lui ai parlé de vous, et il sera enchanté de vous revoir.

FRANVAL.

Merci, ma bonne demoiselle !

EUGÉNIE.

Et je crois bien que nous ne nous quitterons pas de si tôt.....

FRANVAL, souriant.

Je l'espère aussi. (En s'en allant.) Tenez, mademoiselle Eugénie !.... (Il lui donne une lettre. Franval s'appuie sur le bras de mademoiselle Dubois. Ils sortent tous deux.)

SCÈNE XI.

LES MÊMES, excepté mademoiselle Dubois et Franval.

EUGÉNIE.

Avez-vous vu, mesdemoiselles, la lettre que m'a remise le soldat ?

TOUTES.

Oui !....

EUGÉNIE.

Elle est bien à mon adresse.

MARGUERITE.

Voilà qui est étrange, chère cousine.

EUGÉNIE.

Comment et quand a-t-il pu l'écrire ?

MARGUERITE.

Je ne comprends pas.

EUGÉNIE.

Je suis curieuse de savoir.

TOUTES.

Voyons!....

EUGÉNIE, lisant.

« Ma fille!...(Étonnée.) Ma fille!...

«Maintenant que je sais que le plaisir n'est
«rien pour toi quand il s'agit de secourir un
«infortuné, je suis heureux de pouvoir dire
«sans crainte que tu es bien digne d'être la
«maîtresse et de commander chez moi. Ce-
«pendant je me suis permis d'enfreindre nos
«conventions, en priant mon ami Franval,
«arrivé nouvellement d'Amérique, de vouloir
«bien se présenter à toi pour t'offrir la récom-
«pense que tu mérites si bien ainsi que tes
«compagnes.

«Ton père, LEBON.

« P. S. Mettez-vous à table et vous verrez.....»

SCÈNE XI.

ROSE.

La chose est unique !

EUGÉNIE.

Quoique je sois la maîtresse, obéissons à mon père !... mettons-nous à table.

(Elles s'approchent et lèvent leurs serviettes.)

TOUTES, étonnées.

Que vois-je !...

EUGÉNIE.

Oh les beaux bracelets !

MARGUERITE.

Quels jolis ciseaux !

ROSE.

Ce dez est magnifique.

CLÉMENTINE.

Rien n'est plus brillant que cette bague.

TOUTES.

Et toi, Hortense ?...

HORTENSE, confuse.

Rien !....

TOUTES.

Rien !....

MARGUERITE.

On se sera sans doute aperçu que mademoiselle.....

ROSE, achevant la phrase.

N'a rien voulu donner au pauvre soldat.....

CLÉMENTINE.

La vengeance est cruelle !...

ROSE.

Je ne suis pas fâchée que mademoiselle Hortense ait reçu cette leçon ; elle prendra peut-être à l'avenir un ton moins hautain.

HORTENSE, à part.

Que je suis punie !

SCÈNE XII ET DERNIÈRE.

LES MÊMES, MADEMOISELLE DUBOIS, M. LEBON, MADAME LEBON, FRANVAL.

MADEMOISELLE DUBOIS.

Mesdemoiselles ! mesdemoiselles !... Oh la drôle d'aventure !

SCÈNE XII.

M. LEBON.

Mademoiselle Dubois, ces demoiselles savent tout.

MADEMOISELLE DUBOIS.

Comment cela ?

EUGÉNIE.

Mon père a raison.

MADEMOISELLE DUBOIS.

Je n'y comprends rien alors.

M. LEBON.

Mon Eugénie, pardonne-moi cette petite ruse; je doutais que tu fusses bonne : c'était mal de ma part; et tu m'en as fait repentir en me faisant connaître toute la pureté de ton cœur !

FRANVAL.

Oui... et nous avons vu que tous ne sont pas de même. (Il jette un regard sur Hortense.)

EUGÉNIE.

Ah, monsieur, vous qui êtes l'ami de mon père, je vous supplie d'oublier cela; la personne dont vous parlez est assez punie !

FRANVAL.

Pour les mauvais cœurs point d'égards.

EUGÉNIE.

Maintenant, mon père, permettez-moi d'user de mon droit. Je vais, comme vous, enfreindre nos conventions. Acceptez donc votre part de notre déjeuner, et j'ose espérer que ma mère et monsieur ne refuseront pas de vous imiter.

M. ET MADAME LEBON, *l'embrassant.*

Bonne fille!

EUGÉNIE.

Pour la dernière fois, à table!

TOUT LE MONDE.

A table!

FIN DE LA SAINTE-CATHERINE.